The Sound Of Oslo: Bilingual Norwegian-English Stories for Norwegian Language Learners

Pomme Bilingual

Published by Pomme Bilingual, 2024.

While every precaution has been taken in the preparation of this book, the publisher assumes no responsibility for errors or omissions, or for damages resulting from the use of the information contained herein.

THE SOUND OF OSLO: BILINGUAL NORWEGIAN-ENGLISH STORIES FOR NORWEGIAN LANGUAGE LEARNERS

First edition. July 29, 2024.

Copyright © 2024 Pomme Bilingual.

ISBN: 979-8227472618

Written by Pomme Bilingual.

Table of Contents

Sofies Sang

Sofie sto alene på den smale balkongen utenfor teateret, med blikket festet på den stille elven som sakte slynget seg gjennom byen. Hun trakk pusten dypt, kjente den kalde kveldsluften fylle lungene hennes. Det var en tid for refleksjon, for å la minnene strømme tilbake. Hun hadde sunget denne rollen utallige ganger før, men i kveld føltes det annerledes.

Da hun var liten, hadde Sofie alltid elsket å synge. Stemmen hennes var klar og sterk, et lyspunkt i en ellers grå barndom. Hennes mor hadde jobbet dag og natt for å holde familien sammen etter farens bortgang. Sofie husket de lange nettene med morens syarbeid som eneste bakgrunnsmusikk til hennes egen sang.

Årene gikk, og Sofies talent ble oppdaget av en gammel musikkprofessor som hørte henne synge på et gatehjørne. Han tok henne under sine vinger og lærte henne alt han visste. Hennes stemme utviklet seg til å bli en av de mest bemerkelsesverdige i sin generasjon. Hun reiste verden rundt, sang på de mest prestisjefylte operascenene, og mottok stående ovasjoner.

Men suksessen kom med en pris. Med hvert lys på scenen, var det en skygge i hennes personlige liv. Hun mistet kontakten med familien, gamle venner ble fremmede, og ensomheten ble en trofast følgesvenn. Hun hadde alltid sett opp til stjernene på nattehimmelen, og drømt om å skinne like sterkt. Men nå, sto hun her, alene, med en følelse av at hun aldri helt hadde passet inn i det lyset hun søkte.

I kveld var det en ny forestilling. Hennes favorittrolle, den tragiske heltinnen som ofret alt for kjærligheten. Det var noe ved denne karakteren som resonererte dypt i henne. Hun følte seg forent med denne fiktive kvinnen, begge fanget i en skjebne de ikke kunne unnslippe.

Sofie gikk inn i garderoben, satte seg foran speilet, og begynte å sminke seg. Hvert strøk av penselen, hver detalj, ble en del av transformasjonen. Da hun var ferdig, så hun på sitt eget speilbilde. Der var hun, både seg selv og noen andre. Det var denne dualiteten hun levde med, både på og utenfor scenen.

Forestillingen startet, og Sofie sto i kulissene, ventet på sitt innslag. Hun lukket øynene, hørte orkesteret begynne, og tok et dypt åndedrag. Da hun gikk ut på scenen, var det som om verden falt bort. Hun ble ett med musikken, med rollen, og stemmen hennes fylte rommet. Hver tone var mettet med følelser, hver frase var et uttrykk for hennes indre liv.

Publikum var trollbundet. De kunne føle smerten, lengselen, håpet i hver note. Sofie ga alt hun hadde, og mer. Da siste akt var over, og gardinene falt, sto publikum opp og applauderte. Men Sofie, i sitt hjerte, kjente et tomrom. Hun bøyde hodet, tok imot applausen, men visste at hun aldri kunne fylle det tomrommet.

Hun gikk tilbake til balkongen etter forestillingen, og så på elven igjen. En enslig stjerne blinket på himmelen, og hun kjente en tåre trille ned kinnet. Det var en natt som alle andre, men også helt unik. Sofie visste at hun ville synge igjen, for det var alt hun visste. Men hun lurte på om hun noen gang ville finne sin egen sang, en som var bare hennes.

Sofie's Song

Sofie stood alone on the narrow balcony outside the theater, her gaze fixed on the quiet river that slowly wound through the city. She took a deep breath, feeling the cold evening air fill her lungs. It was a time for reflection, to let memories flow back. She had sung this role countless times before, but tonight felt different.

When she was little, Sofie had always loved to sing. Her voice was clear and strong, a bright spot in an otherwise gray childhood. Her mother had worked day and night to keep the family together after her father's passing. Sofie remembered the long nights with her mother's sewing as the only background music to her own singing.

The years passed, and Sofie's talent was discovered by an old music professor who heard her singing on a street corner. He took her under his wing and taught her everything he knew. Her voice developed into one of the most remarkable of her generation. She traveled the world, sang on the most prestigious opera stages, and received standing ovations.

But success came with a price. With every light on stage, there was a shadow in her personal life. She lost touch with her family, old friends became strangers, and loneliness became a faithful companion. She had always looked up at the stars in the night sky, dreaming of shining just as brightly. But now, she stood here, alone, with a feeling that she never quite fit into the light she sought.

Tonight was another performance. Her favorite role, the tragic heroine who sacrificed everything for love. There was something about this character that resonated deeply within her. She felt united with this fictional woman, both trapped in a fate they could not escape.

Sofie went into the dressing room, sat in front of the mirror, and began to apply her makeup. Every stroke of the brush, every detail, became part of the transformation. When she was finished, she looked at her own reflection. There she was, both herself and someone else. It was this duality she lived with, both on and off the stage.

The performance started, and Sofie stood in the wings, waiting for her cue. She closed her eyes, heard the orchestra begin, and took a deep breath. As she stepped onto the stage, it was as if the world fell away. She became one with the music, with the role, and her voice filled the room. Every note was saturated with emotion, every phrase an expression of her inner life.

The audience was spellbound. They could feel the pain, the longing, the hope in every note. Sofie gave everything she had, and more. When the final act was over, and the curtains fell, the audience stood and applauded. But Sofie, in her heart, felt an emptiness. She bowed her head, accepted the applause, but knew she could never fill that void.

She returned to the balcony after the performance, looking at the river again. A solitary star twinkled in the sky, and she felt a tear roll down her cheek. It was a night like any other, but also entirely unique. Sofie knew she would sing again, for it was all she knew. But she wondered if she would ever find her own song, one that was hers alone.

Lyden av Oslo

Oslo hadde alltid vært byen som aldri sluttet å bevege seg. Trikkene klirret langs skinnene, folk hastet til og fra jobb, og fjorden glitret under den lave sommersolen. Midt i alt dette satt Johannes på en benk ved Aker Brygge, stirrende ut over vannet. Han kjente den kalde vinden bite i ansiktet, en påminnelse om vinteren som snart ville komme tilbake.

Johannes hadde bodd i Oslo hele sitt liv. Han kjente hver gate, hver krik og krok, men likevel følte han seg ofte som en fremmed i sin egen by. Det var bare noen måneder siden han hadde mistet sin kone, Anna. De hadde vært gift i tretti år, og hennes død hadde etterlatt et stort tomrom i hjertet hans. Nå følte han seg som et skall av sitt tidligere jeg, vandrende rundt i byen som han en gang elsket, men som nå virket fremmed og kald.

Han husket de gangene de hadde gått hånd i hånd langs Akershus festning, sett på solnedgangen over fjorden og drømt om fremtiden. Nå var disse drømmene knust, og Johannes visste ikke hvordan han skulle plukke opp bitene. Han hadde søkt trøst i rutinen, i de små tingene som holdt ham jordet. Hver morgen gikk han til den samme kaffebaren på Grünerløkka, hvor han satt ved vinduet og så på folk passere.

Det var på en slik morgen, da han satt med kaffekoppen i hånden og stirret ut i gaten, at han la merke til henne. En ung kvinne med et bekymret uttrykk, som virket malplassert i det travle Oslo.

Hun satt alene ved et bord, så ned i en bok, men blikket hennes flakket stadig opp som om hun lette etter noe, eller noen.

Johannes visste ikke hva som drev ham til å reise seg og gå bort til henne. Kanskje var det ensomheten, kanskje var det en følelse av felles sorg han så i hennes øyne. Uansett hva det var, før han visste ordet av det, satt han ved siden av henne og presenterte seg.

"Hei, jeg heter Johannes. Er alt i orden?"

Hun så opp, litt overrasket, men smilte svakt. "Hei, jeg heter Elise. Ja, jeg... det er bare mye på en gang."

Det viste seg at Elise nylig hadde flyttet til Oslo for å starte på universitetet. Hun følte seg overveldet av storbyen, av presset fra studiene og av forventningene fra familien hjemme i Nord-Norge. Johannes lyttet, nikket og følte en uventet forbindelse til denne unge kvinnen som kunne vært hans datter.

De begynte å møtes regelmessig, først på kaféen, deretter på spaserturer rundt i byen. Elise viste Johannes nye sider av Oslo som han aldri hadde lagt merke til. De besøkte små gallerier på Tøyen, fant skjulte bokhandlere på St. Hanshaugen, og delte latter og tårer over middager på små, intime restauranter.

Gjennom Elise begynte Johannes å se Oslo med nye øyne. Han oppdaget at byen fortsatt hadde mye å tilby, at det var håp og glede å finne selv i de mest uventede øyeblikkene. Elise hjalp ham å huske at selv om livet hadde tatt fra ham noe dyrebart, var det fortsatt mulig å finne mening og glede.

En kveld sto de ved operahuset, og så utover fjorden. Solen gikk ned, og himmelen ble malt i oransje og rosa. Elise så på Johannes med et smil.

"Takk for at du har vært her for meg, Johannes. Du har hjulpet meg mer enn du aner."

Han nikket, kjente en varme spre seg i brystet. "Og du har hjulpet meg, Elise. Mer enn du tror."

De sto der i stillhet, to sjeler som hadde funnet trøst i hverandre i en stor, travel by. Johannes kjente at smerten etter Anna fortsatt var der, men den var ikke lenger uutholdelig. Han visste at livet ville fortsette, at det var mulig å finne håp og glede igjen. Og med Elise ved sin side, følte han seg klar til å møte morgendagen.

The Sound of Oslo

O slo had always been the city that never stopped moving. Trams clattered along the tracks, people hurried to and from work, and the fjord sparkled under the low summer sun. In the midst of it all, Johannes sat on a bench at Aker Brygge, staring out over the water. He felt the cold wind biting his face, a reminder of the winter that would soon return.

Johannes had lived in Oslo his entire life. He knew every street, every nook and cranny, yet he often felt like a stranger in his own city. It had only been a few months since he lost his wife, Anna. They had been married for thirty years, and her death had left a gaping hole in his heart. Now he felt like a shell of his former self, wandering around the city he once loved, but which now seemed foreign and cold.

He remembered the times they had walked hand in hand along Akershus Fortress, watched the sunset over the fjord, and dreamed of the future. Now those dreams were shattered, and Johannes didn't know how to pick up the pieces. He sought comfort in routine, in the small things that kept him grounded. Every morning he went to the same café in Grünerløkka, where he sat by the window and watched people pass by.

It was on such a morning, as he sat with his coffee cup in hand, staring out into the street, that he noticed her. A young woman with a worried expression, who seemed out of place in bustling Oslo. She sat alone at a table, looking down at a book, but her gaze kept flicking up as if she were searching for something, or someone.

Johannes didn't know what drove him to get up and walk over to her. Maybe it was loneliness, maybe it was a sense of shared sorrow he saw in her eyes. Whatever it was, before he knew it, he was sitting next to her, introducing himself.

"Hi, my name is Johannes. Is everything okay?"

She looked up, a little surprised, but smiled faintly. "Hi, I'm Elise. Yes, I... it's just a lot at once."

It turned out that Elise had recently moved to Oslo to start university. She felt overwhelmed by the big city, the pressure of her studies, and the expectations from her family back home in Northern Norway. Johannes listened, nodded, and felt an unexpected connection to this young woman who could have been his daughter.

They began meeting regularly, first at the café, then on walks around the city. Elise showed Johannes new sides of Oslo he had never noticed before. They visited small galleries in Tøyen, found hidden bookstores in St. Hanshaugen, and shared laughter and tears over dinners in small, intimate restaurants.

Through Elise, Johannes began to see Oslo with new eyes. He discovered that the city still had much to offer, that there was hope and joy to be found even in the most unexpected moments. Elise helped him remember that even though life had taken something precious from him, it was still possible to find meaning and happiness.

One evening, they stood by the opera house, looking out over the fjord. The sun was setting, and the sky was painted in shades of orange and pink. Elise looked at Johannes with a smile.

"Thank you for being here for me, Johannes. You've helped me more than you know."

He nodded, feeling a warmth spread in his chest. "And you have helped me, Elise. More than you think."

They stood there in silence, two souls who had found solace in each other in a big, busy city. Johannes felt that the pain of losing Anna was still there, but it was no longer unbearable. He knew that life would go on, that it was possible to find hope and joy again. And with Elise by his side, he felt ready to face tomorrow.

En Fortelling om Solskinn og Regn

Bergen er en by hvor regnet aldri ser ut til å ta slutt. Det siver nedover de brosteinsbelagte gatene, gjennom de smale smugene og speiler seg i de mange innsjøene og fjordene. Byen bærer alltid med seg en duft av sjø og våt stein, og for mange er det regnet som definerer Bergen. Men for Ingrid var det i dette evige regnet at hun fant sin lykke.

Ingrid hadde alltid vært en stille sjel, en som trivdes best i sitt eget selskap. Hun bodde i et lite, gammelt hus på Bryggen, med utsikt over havnen. Hver morgen våknet hun til lyden av måkeskrik og klirringen fra båtene som la til kai. Det var et enkelt liv, men det var hennes.

Hun jobbet på et lite antikvariat nede i byen, et sted fylt med støvete bøker og gamle minner. Ingrid elsket å bla gjennom sidene, lukte på den gamle papiren, og forestille seg de utallige hendene som hadde holdt bøkene før henne. Kundenes historier fascinerte henne like mye som bøkene selv. Mange av dem var faste gjester, folk som hadde blitt venner over årene.

En dag, da regnet som vanlig trommet mot vinduene, kom en mann inn i butikken. Han var gjennomvåt, men med et smil som lyste opp hele rommet. "Hei," sa han og ristet av seg vannet. "Jeg heter Erik. Jeg er på utkikk etter en bok om gamle bergenske legender."

Ingrid smilte tilbake, og noe ved hans tilstedeværelse fikk henne til å føle seg varm. "Jeg tror jeg har noe som kan interessere deg," sa hun og førte ham til en av de eldste hyllene i butikken.

Mens de lette etter boken, begynte de å snakke. Erik var ny i byen, en fotograf som hadde flyttet fra Oslo for å fange Bergens unike skjønnhet. Han fortalte om sine oppdagelsesferder i byens fjell og fjorder, om de skjulte perlene han hadde funnet og ønsket å dele med verden.

De dagene som fulgte, kom Erik ofte innom butikken. Han kjøpte ikke alltid noe, men Ingrid satte pris på selskapet hans. De begynte å gå turer sammen etter arbeidstid, utforsket byen og dens mange hemmeligheter. Regnet plaget dem ikke; det ble en del av deres opplevelser, en bakgrunnsmusikk til samtalene deres.

En ettermiddag, mens de satt på en benk i Nygårdsparken og så regndråpene danne ringer i dammene, snudde Erik seg mot Ingrid. "Vet du," sa han, "jeg har aldri følt meg så hjemme noe sted som jeg gjør her med deg."

Ingrid så på ham og følte en glede hun ikke hadde kjent på mange år. "Jeg også," svarte hun stille. "Bergen har alltid vært mitt hjem, men du har fått det til å føles enda mer spesielt."

Tiden gikk, og Erik og Ingrid ble uatskillelige. De fant glede i de små tingene – en varm kopp kaffe på en regnfull dag, en fottur opp Fløyen med utsikt over byen, eller en stille kveld med en god bok. De lærte å verdsette hverdagens enkle gleder, og de visste at det var i de små øyeblikkene lykken lå.

A Tale of Sunshine and Rain

———

Bergen is a city where the rain never seems to end. It seeps down the cobblestone streets, through the narrow alleys, and reflects in the many lakes and fjords. The city always carries the scent of the sea and wet stone, and for many, it is the rain that defines Bergen. But for Ingrid, it was in this eternal rain that she found her happiness.

Ingrid had always been a quiet soul, someone who thrived best in her own company. She lived in a small, old house on Bryggen, overlooking the harbor. Every morning, she woke up to the sound of seagulls and the clinking of boats docking. It was a simple life, but it was hers.

She worked at a small antiquarian bookstore downtown, a place filled with dusty books and old memories. Ingrid loved to flip through the pages, smell the old paper, and imagine the countless hands that had held the books before her. The customers' stories fascinated her as much as the books themselves. Many of them were regulars, people who had become friends over the years.

One day, as the rain drummed against the windows as usual, a man entered the store. He was soaked, but with a smile that lit up the entire room. "Hi," he said, shaking off the water. "My name is Erik. I'm looking for a book about old Bergen legends."

Ingrid smiled back, and something about his presence made her feel warm. "I think I have something that might interest you," she said, leading him to one of the oldest shelves in the store.

As they searched for the book, they started talking. Erik was new to the city, a photographer who had moved from Oslo to capture Bergen's unique beauty. He spoke of his explorations in the city's mountains and fjords, about the hidden gems he had found and wanted to share with the world.

In the days that followed, Erik often dropped by the store. He didn't always buy something, but Ingrid appreciated his company. They started taking walks together after work, exploring the city and its many secrets. The rain didn't bother them; it became part of their experiences, a background music to their conversations.

One afternoon, as they sat on a bench in Nygårdsparken, watching the raindrops form rings in the puddles, Erik turned to Ingrid. "You know," he said, "I've never felt as at home anywhere as I do here with you."

Ingrid looked at him and felt a joy she hadn't known in many years. "Me too," she replied quietly. "Bergen has always been my home, but you've made it feel even more special."

Time passed, and Erik and Ingrid became inseparable. They found joy in the small things – a warm cup of coffee on a rainy day, a hike up Fløyen with views of the city, or a quiet evening with a good book. They learned to appreciate the simple pleasures of everyday life, and they knew that it was in those small moments that happiness lay.

Kaffekoppen

Det var en av de sjeldne, solrike morgenene i Bergen. Sollyset glitret gjennom vinduene på den lille kafeen på hjørnet av Marken og Lille Øvregate. Andreas satt ved sitt faste bord nær vinduet, hvor han kunne se ut på de forbipasserende. Foran ham sto en rykende kopp kaffe, svart og sterk, akkurat slik han likte den.

Andreas var en mann av rutiner. Hver morgen, før resten av byen våknet til liv, kom han til denne kafeen. Det var hans tilfluktssted, et sted hvor han kunne tenke og reflektere. Han hadde vært gjennom mye i livet – krig, kjærlighet, tap – og det var her han følte seg mest hjemme, omgitt av lukten av nytraktet kaffe og lyden av lavmælt samtale.

Denne morgenen var annerledes. Det var noe i luften, en følelse av forventning. Han tok en slurk av kaffen og kjente varmen spre seg gjennom kroppen. En liten klokke over døren ringte, og en kvinne kom inn. Hun hadde et mykt uttrykk i øynene og bar en gammel lærveske som virket tung av bøker. Hun så seg rundt, som om hun lette etter noen, før hun satte seg ved et bord i nærheten.

Andreas fulgte henne med øynene. Det var noe ved henne som fanget oppmerksomheten hans. Kanskje var det måten hun forsiktig satte fra seg vesken, eller hvordan hun kikket ut av vinduet med et tankefullt blikk. Hun bestilte en kopp kaffe og begynte å bla i en av bøkene hun hadde med seg.

Etter noen minutter reiste Andreas seg og gikk bort til henne. "Unnskyld," sa han forsiktig. "Jeg kunne ikke unngå å legge merke til at du leser. Er du en student?"

Hun så opp, overrasket, men smilte. "Ja, jeg studerer litteratur ved universitetet. Jeg heter Maria."

"Hyggelig å møte deg, Maria. Jeg heter Andreas." Han pekte på boken hennes. "Hva leser du?"

"Det er en samling noveller av Ernest Hemingway," svarte hun. "Jeg skriver en oppgave om hans stil og hvordan den har påvirket moderne litteratur."

Andreas satte seg ned med henne. "Hemingway er en av mine favoritter. Hans enkelhet, hans evne til å si så mye med så få ord, det er noe spesielt."

De begynte å snakke om bøker, om litteratur og om livet. Andreas fortalte henne om sine egne opplevelser, om krigen han hadde kjempet i, om kjærligheten han hadde mistet. Maria lyttet med interesse, hennes øyne fulle av medfølelse og forståelse.

Tiden fløy, og før de visste ordet av det, hadde flere timer gått. Kaffen hadde blitt kald, men samtalen varmet dem begge. De delte en forbindelse, en forståelse som gikk dypere enn ordene de utvekslet. Det var som om de hadde kjent hverandre hele livet.

Andreas følte en fornyet energi, en følelse av håp han ikke hadde kjent på lenge. Maria, på sin side, fant inspirasjon i Andreas' historier, en ny forståelse for de menneskene hun studerte i bøkene sine. De avtalte å møtes igjen, samme tid, samme sted.

Uker gikk, og deres daglige samtaler ble en fast del av rutinen. De diskuterte ikke bare bøker, men også deres drømmer, frykter, og håp for fremtiden. Maria introduserte Andreas for nye forfattere og ideer, mens Andreas delte sin livserfaring og visdom med henne.

En morgen, da de satt sammen med hver sin kopp kaffe, snudde Maria seg mot Andreas med et alvorlig uttrykk. "Andreas," sa hun, "jeg har tenkt mye på våre samtaler. Du har hjulpet meg mer enn du aner. Jeg vil skrive en bok om dine historier, om ditt liv. Jeg tror verden trenger å høre dem."

Andreas så på henne, rørt. "Jeg vet ikke, Maria. Mine historier er bare små brikker i et stort puslespill."

"Men det er de små brikkene som gjør puslespillet komplett," svarte hun. "Dine opplevelser, din visdom, kan hjelpe andre å forstå og sette pris på livet på en dypere måte."

De fortsatte å snakke, og Andreas begynte å innse at Maria hadde rett. Hans liv hadde vært fylt med både glede og sorg, men det var verdifullt, og det kunne inspirere andre.

Måneder gikk, og Maria jobbet flittig med boken. Andreas delte sine minner, og sammen skapte de en fortelling som fanget essensen av hans liv. Kaffen ble et symbol på deres reise – en enkel, men kraftfull påminnelse om de små øyeblikkene som gir livet mening.

Da boken endelig var ferdig, ble den mottatt med stor begeistring. Lesere over hele verden ble rørt av Andreas' historie, av hans refleksjoner og visdom. Maria og Andreas fortsatte å møtes, deres vennskap ble sterkere for hver dag.

En solrik morgen, mange år senere, satt de igjen på kafeen. Andreas, nå mye eldre, så ut over gaten med et tilfreds smil. "Vi gjorde noe spesielt, Maria," sa han stille.

"Ja, det gjorde vi," svarte hun, og tok hans hånd. "Vi fant lykken i en kopp kaffe."

The Cup of Coffee

It was one of those rare sunny mornings in Bergen. Sunlight glittered through the windows of the little café on the corner of Marken and Lille Øvregate. Andreas sat at his usual table near the window, where he could watch the passersby. In front of him was a steaming cup of coffee, black and strong, just the way he liked it.

Andreas was a man of routines. Every morning, before the rest of the city came to life, he came to this café. It was his refuge, a place where he could think and reflect. He had been through much in life – war, love, loss – and it was here he felt most at home, surrounded by the smell of freshly brewed coffee and the sound of low murmurs.

This morning was different. There was something in the air, a feeling of anticipation. He took a sip of his coffee and felt the warmth spread through his body. A small bell over the door rang, and a woman entered. She had a gentle expression in her eyes and carried an old leather bag that seemed heavy with books. She looked around as if searching for someone before sitting down at a nearby table.

Andreas watched her. There was something about her that caught his attention. Maybe it was the way she carefully placed her bag down or how she gazed out the window with a thoughtful look. She ordered a cup of coffee and began flipping through one of the books she had with her.

After a few minutes, Andreas stood up and walked over to her. "Excuse me," he said gently. "I couldn't help but notice you're reading. Are you a student?"

She looked up, surprised, but smiled. "Yes, I'm studying literature at the university. My name is Maria."

"Nice to meet you, Maria. My name is Andreas." He pointed to her book. "What are you reading?"

"It's a collection of short stories by Ernest Hemingway," she replied. "I'm writing a paper on his style and how it has influenced modern literature."

Andreas sat down with her. "Hemingway is one of my favorites. His simplicity, his ability to say so much with so few words, it's something special."

They began talking about books, literature, and life. Andreas shared his own experiences, about the war he had fought in, about the love he had lost. Maria listened intently, her eyes full of empathy and understanding.

Time flew by, and before they knew it, several hours had passed. The coffee had gone cold, but their conversation warmed them both. They shared a connection, an understanding that went deeper than the words they exchanged. It was as if they had known each other their whole lives.

Andreas felt a renewed energy, a sense of hope he hadn't felt in a long time. Maria, in turn, found inspiration in Andreas' stories, a new understanding of the people she studied in her books. They agreed to meet again, same time, same place.

Weeks went by, and their daily conversations became a regular part of their routine. They discussed not only books but also their dreams, fears, and hopes for the future. Maria introduced Andreas to new authors and ideas, while Andreas shared his life experience and wisdom with her.

One morning, as they sat together with their cups of coffee, Maria turned to Andreas with a serious expression. "Andreas," she said, "I've been thinking a lot about our conversations. You've helped me more than you know. I want to write a book about your stories, about your life. I think the world needs to hear them."

Andreas looked at her, moved. "I don't know, Maria. My stories are just small pieces of a big puzzle."

"But it's the small pieces that make the puzzle complete," she replied. "Your experiences, your wisdom, can help others understand and appreciate life on a deeper level."

They continued talking, and Andreas began to realize that Maria was right. His life had been filled with both joy and sorrow, but it was valuable, and it could inspire others.

Months passed, and Maria worked diligently on the book. Andreas shared his memories, and together they created a narrative that captured the essence of his life. The coffee became a symbol of their journey – a simple yet powerful reminder of the small moments that give life meaning.

When the book was finally finished, it was received with great enthusiasm. Readers around the world were touched by Andreas' story, by his reflections and wisdom. Maria and Andreas continued to meet, their friendship growing stronger each day.

One sunny morning, many years later, they sat once again at the café. Andreas, now much older, looked out over the street with a contented smile. "We did something special, Maria," he said quietly.

"Yes, we did," she replied, taking his hand. "We found happiness in a cup of coffee."

Stranden: En Fortelling om Tidevann og Tid

Havet hadde alltid en beroligende effekt på Anna. Den rytmiske lyden av bølgene som slo mot stranden, vinden som blåste gjennom håret hennes, og den salte duften av sjøen fylte henne med en ro hun sjelden fant andre steder. Stranden var hennes tilfluktssted, et sted hvor tiden stod stille, og hun kunne reflektere over livet.

Anna hadde arvet et lite sommerhus ved havet fra sine besteforeldre. Det var et enkelt hus, med hvitmalte vegger og blå skodder, som lå rett ved en bortgjemt bukt. Hver sommer, etter at skoleåret var over, pakket hun bilen og kjørte ned til kysten for å tilbringe noen måneder i ensomhet og fred.

Denne sommeren var ikke annerledes. Anna hadde nettopp avsluttet sitt første år som lærer, og hun trengte en pause. Hun ankom huset tidlig en morgen, solen var allerede på vei opp, og fuglene sang sine morgenmelodier. Hun satte fra seg bagasjen og gikk rett ned til stranden. Sanden var kjølig under føttene hennes, og hun følte straks en bølge av lettelse skylle over seg.

Dagene gikk i en sakte rytme. Anna startet hver morgen med en lang tur langs vannkanten, samlet skjell og steiner som bølgene hadde skylt opp. Hun satte seg ofte ned på en stor stein ytterst på stranden og så utover horisonten, hvor himmelen og havet møttes. Det var noe hypnotisk ved det, en påminnelse om naturens konstante bevegelse og tidens gang.

En dag, mens hun satt på sin vanlige stein, la hun merke til en skikkelse i det fjerne. Det var en mann som gikk langs stranden med en fiskestang over skulderen. Han virket konsentrert, som om han lette etter noe bestemt. Da han kom nærmere, reiste Anna seg og vinket til ham.

"God morgen," sa hun vennlig.

"God morgen," svarte han med et smil. "Jeg heter Erik. Jeg er på ferie her og tenkte jeg skulle prøve fiskelykken."

"Hyggelig å møte deg, Erik. Jeg heter Anna. Jeg tilbringer somrene her, det er et vakkert sted."

"Det er det virkelig," svarte han og så ut over havet. "Det er noe spesielt med denne stranden. Den er så rolig og uberørt."

De begynte å snakke, først om fisking og naturen, men snart om livet og deres erfaringer. Erik fortalte at han var en reisende forfatter, alltid på jakt etter nye historier og inspirasjon. Anna delte sine egne erfaringer som lærer og hvordan hun fant trøst i bøkenes verden.

De neste dagene møttes de ofte på stranden. Erik fisket, mens Anna leste eller skrev i dagboken sin. De fant en enkel glede i hverandres selskap, uten noen forventninger eller krav. Det var som om de hadde kjent hverandre hele livet, selv om de bare hadde møttes nylig.

En kveld, mens solen gikk ned og malte himmelen i rosa og oransje nyanser, satte de seg ned på stranden med en flaske vin. De snakket om drømmer og håp, om fortidens skuffelser og fremtidens muligheter.

"Jeg har alltid drømt om å skrive en bok," sa Anna plutselig. "Noe som kan inspirere og røre folk, slik bøker har gjort for meg."

"Du burde gjøre det," svarte Erik oppmuntrende. "Du har en unik stemme, og du har så mange historier å fortelle. Ikke vent på det perfekte øyeblikket, bare begynn."

De ordene satte seg fast i Annas sinn. De neste ukene, når Erik fisket, satte hun seg ned med notatblokken sin og begynte å skrive. Hun skrev om stranden, om havet, og om de menneskene hun hadde møtt i livet sitt. Det var som om ordene fløt ut av henne, inspirert av bølgene som slo mot stranden.

Erik ble hennes første leser. Hver kveld leste han gjennom det hun hadde skrevet og kom med tilbakemeldinger og oppmuntring. Deres vennskap vokste seg sterkere, bundet sammen av deres felles kjærlighet til ord og natur.

Sommeren nærmet seg slutten, og Anna visste at hun måtte tilbake til byen og jobben sin. Men denne gangen følte hun seg annerledes. Hun hadde funnet en ny styrke i seg selv, en ny retning for sitt liv.

På den siste dagen før hun skulle reise, satte hun og Erik seg igjen på stranden. "Jeg vil takke deg, Erik," sa hun stille. "Du har gitt meg motet til å følge drømmen min."

"Det er du som har gjort arbeidet, Anna," svarte han. "Jeg er bare glad for å ha vært en del av reisen din."

De sa farvel, men begge visste at dette ikke var slutten på deres historie. De lovet å holde kontakten og støtte hverandre, uansett hvor livets veier førte dem.

Anna dro tilbake til byen med et hjerte fylt med håp og inspirasjon. Hun fortsatte å skrive, og etter noen måneder sendte hun manuskriptet sitt til et forlag. Til hennes store glede ble boken akseptert og utgitt.

Høsten kom, og Anna mottok en pakke i posten. Det var en førsteutgave av boken hennes, med en håndskrevet melding fra Erik: "For Anna, som fant sitt kall på stranden."

Hun smilte og tenkte tilbake på den sommeren, på stranden som hadde gitt henne så mye. Hun visste at hun alltid ville vende tilbake dit, til havet som alltid hadde vært en del av henne.

Årene gikk, men hver sommer vendte Anna tilbake til sommerhuset ved stranden. Hun og Erik fortsatte å møtes, deres vennskap varte, og de delte mange flere solnedganger og samtaler. Stranden var ikke bare et sted for flukt, men et sted for fornyelse, for å finne tilbake til seg selv.

Og slik gikk tidevannet, frem og tilbake, akkurat som livet selv. Men stranden forble den samme – et sted for refleksjon, for inspirasjon, og for å finne roen i de små øyeblikkene som gir livet mening.

The Beach: A Tale of Tides and Time

The sea always had a calming effect on Anna. The rhythmic sound of the waves crashing against the shore, the wind blowing through her hair, and the salty scent of the ocean filled her with a peace she rarely found elsewhere. The beach was her refuge, a place where time stood still, and she could reflect on life.

Anna had inherited a small summer house by the sea from her grandparents. It was a simple house, with white-painted walls and blue shutters, situated right by a secluded cove. Every summer, after the school year ended, she packed her car and drove down to the coast to spend a few months in solitude and tranquility.

This summer was no different. Anna had just finished her first year as a teacher, and she needed a break. She arrived at the house early one morning, the sun already rising, and the birds singing their morning songs. She dropped her bags and went straight down to the beach. The sand was cool under her feet, and she immediately felt a wave of relief wash over her.

The days passed in a slow rhythm. Anna started each morning with a long walk along the water's edge, collecting shells and stones the waves had washed up. She often sat on a large rock at the edge of the beach and gazed out at the horizon, where the sky and sea met. There was something hypnotic about it, a reminder of nature's constant motion and the passage of time.

One day, as she sat on her usual rock, she noticed a figure in the distance. It was a man walking along the beach with a fishing rod over his shoulder. He seemed focused, as if he was looking for something specific. As he came closer, Anna stood up and waved to him.

"Good morning," she said kindly.

"Good morning," he replied with a smile. "My name is Erik. I'm on vacation here and thought I'd try my luck at fishing."

"Nice to meet you, Erik. I'm Anna. I spend my summers here, it's a beautiful place."

"It really is," he said, looking out at the sea. "There's something special about this beach. It's so calm and untouched."

They started talking, first about fishing and nature, but soon about life and their experiences. Erik shared that he was a traveling writer, always on the lookout for new stories and inspiration. Anna shared her own experiences as a teacher and how she found solace in the world of books.

In the days that followed, they often met on the beach. Erik fished while Anna read or wrote in her journal. They found simple joy in each other's company, with no expectations or demands. It was as if they had known each other their whole lives, even though they had only just met.

One evening, as the sun set and painted the sky in shades of pink and orange, they sat on the beach with a bottle of wine. They talked about dreams and hopes, past disappointments, and future possibilities.

"I've always dreamed of writing a book," Anna said suddenly. "Something that can inspire and touch people, the way books have done for me."

"You should do it," Erik encouraged. "You have a unique voice, and you have so many stories to tell. Don't wait for the perfect moment, just start."

Those words stuck with Anna. In the weeks that followed, when Erik fished, she sat down with her notebook and began to write. She wrote about the beach, the sea, and the people she had met in her life. It was as if the words flowed out of her, inspired by the waves crashing against the shore.

Erik became her first reader. Every evening he read through what she had written and gave feedback and encouragement. Their friendship grew stronger, bound by their shared love of words and nature.

The summer was coming to an end, and Anna knew she had to return to the city and her job. But this time she felt different. She had found a new strength within herself, a new direction for her life.

On the last day before she was to leave, she and Erik sat on the beach once more. "I want to thank you, Erik," she said quietly. "You've given me the courage to follow my dream."

"It's you who has done the work, Anna," he replied. "I'm just glad to have been part of your journey."

They said goodbye, but both knew this was not the end of their story. They promised to stay in touch and support each other, no matter where life took them.

Anna returned to the city with a heart full of hope and inspiration. She continued to write, and after a few months, she sent her manuscript to a publisher. To her great joy, the book was accepted and published.

Autumn came, and Anna received a package in the mail. It was a first edition of her book, with a handwritten note from Erik: "For Anna, who found her calling on the beach."

She smiled and thought back to that summer, to the beach that had given her so much. She knew she would always return there, to the sea that had always been a part of her.

Years passed, but every summer Anna returned to the summer house by the beach. She and Erik continued to meet, their friendship lasting, sharing many more sunsets and conversations. The beach was not just a place of escape but a place of renewal, to find herself again.

And so the tide went, back and forth, just like life itself. But the beach remained the same – a place for reflection, for inspiration, and for finding peace in the small moments that give life meaning.

Blomsterhandleren

Det var en kald, regnfull morgen i oktober da Emma åpnet dørene til sin lille blomsterbutikk. Butikken lå på et hjørne i en av Bergens smale gater, og hadde vært i familien i tre generasjoner. Med sitt røde tak og grønne dør, var butikken et kjent syn i nabolaget. Skiltet over døren, hvor det sto "Emmas Blomster," var malt med gul skrift og hadde en liten bukett tulipaner ved siden av navnet.

Emma hadde vokst opp blant blomster. Hun husket de tidlige morgenene da hun som liten jente fulgte med sin bestemor til blomsterhagen for å plukke friske blomster til butikken. Bestemoren hadde lært henne alt om blomstenes språk, hvordan hver blomst bar en betydning, og hvordan de kunne formidle følelser uten ord. Nå, mange år senere, sto Emma alene bak disken, men med bestemorenes visdom vevd inn i hennes sjel.

Kunder kom og gikk gjennom dagen, og Emma satte sammen buketter med en presisjon og omsorg som reflekterte hennes kjærlighet til yrket. Hun visste at en bukett ikke bare var en samling blomster, men en melding, en følelse, en historie.

En dag, mens hun sto og ordnet noen roser, hørte hun klokken over døren ringe. Hun så opp og møtte blikket til en eldre mann med en sliten hatt og en frakk som hadde sett bedre dager. Han virket nølende, som om han var usikker på om han skulle gå inn.

"Kan jeg hjelpe deg med noe?" spurte Emma vennlig.

Mannen nikket langsomt. "Jeg trenger en bukett. Noe spesielt."

Emma smilte og kom fram til disken. "Hva slags anledning er det?"

"Det er til min kone," svarte han stille. "Vi har bryllupsdag i dag."

Emma kunne se at dette betydde mye for ham. Hun tenkte på bestemoren som alltid sa at kjærlighetens blomster var de vakreste. Hun begynte å plukke ut blomster: røde roser for lidenskap, hvite liljer for renhet, og små blå forglemmegei for minner. Hun satte dem sammen med en omhu og dedikasjon som viste hennes respekt for mannens følelser.

Mannen så på mens hun jobbet. "Hvor lenge har dere vært gift?" spurte hun.

"Femtito år," svarte han med et melankolsk smil. "Det har vært et langt og godt liv."

Emma rakte ham buketten, og han betalte med skjelvende hender. "Takk," sa han stille. "Disse er perfekte."

Hun så etter ham da han forlot butikken, og tenkte på hvordan blomster kunne være et lys i mørket, en påminnelse om kjærlighetens styrke selv gjennom tidens prøvelser.

Dagene gikk, og Emma fortsatte med sitt arbeid. Hun så mange ansikter og hørte mange historier. En ung mann som skulle fri, en kvinne som ville be om unnskyldning, en mor som skulle feire sitt barns fødsel. Hver bukett hun lagde, bar med seg et stykke av hennes hjerte.

En morgen, flere uker senere, kom den gamle mannen tilbake. Han så enda mer sliten ut, men hadde et fredelig uttrykk i ansiktet. "Jeg vil takke deg," sa han. "Min kone elsket buketten. Hun gikk bort for noen dager siden, men hun hadde blomstene ved siden av seg helt til slutt."

Emma kjente en klump i halsen. "Jeg er så lei for ditt tap," sa hun stille. "Hun må ha vært en bemerkelsesverdig kvinne."

"Det var hun," svarte han. "Og jeg er takknemlig for at du kunne gi henne noe så vakkert i hennes siste dager."

De snakket en stund, og Emma lærte mer om hans kone, en kvinne som hadde elsket å danse og som alltid hadde et smil på lur. Hun følte en dyp respekt for denne mannen og hans kjærlighet.

Etter at han gikk, satte Emma seg ned med en kopp te og tenkte på hvor kort livet var, og hvordan de små handlingene kunne ha så stor betydning. Blomster var ikke bare vakre, de var bærere av minner, følelser og håp.

Emma bestemte seg for å lage en ny bukett, en spesiell en, som hun skulle ta med til mannens kone gravsted. Hun plukket ut de vakreste blomstene hun hadde, og satte sammen en bukett som strålte av kjærlighet og respekt.

Hun dro til kirkegården og fant graven. Det var en enkel stein med kvinnens navn, fødsels- og dødsdato. Emma la ned buketten og sto stille et øyeblikk. "Takk for at du delte din historie med meg," hvisket hun.

På vei tilbake til butikken følte Emma seg mer forbundet med menneskene rundt seg. Hver blomst, hver bukett, var en del av noe større. Hun innså at hennes arbeid var mer enn bare å selge blomster. Det var å bringe lys og skjønnhet inn i menneskers liv, å være en del av deres gleder og sorger.

Måneder gikk, og Emma fortsatte å spre glede gjennom sine blomster. Hun så den gamle mannen av og til, og de hilste alltid på hverandre med et varmt smil. Hans historie hadde forandret henne, gjort henne mer oppmerksom på livets skjønnhet og skrøpelighet.

En dag, mens hun lukket butikken for kvelden, så hun en ung jente stå utenfor vinduet og beundre blomstene. Emma åpnet døren og inviterte henne inn. Jenta fortalte at hun elsket blomster og drømte om å bli en blomsterhandler en dag.

Emma smilte og tenkte på sin egen reise. "Du kan oppnå det du drømmer om," sa hun til jenta. "Blomster har en magi som kan bringe lykke til verden."

Jenta smilte bredt og takket Emma. På vei hjem følte Emma en dyp tilfredshet. Hennes liv var flettet sammen med så mange andre, og hun visste at hun, gjennom sine blomster, kunne gjøre en forskjell.

Slik fortsatte Emma å drive sin blomsterbutikk, med bestemorenes visdom og kjærlighet i sitt hjerte. Hver dag var en ny mulighet til å spre glede, trøst og skjønnhet. Og hver bukett hun lagde, var en påminnelse om livets farger og betydningen av de små tingene som gir det mening.

The Florist

It was a cold, rainy morning in October when Emma opened the doors to her small flower shop. The shop was located on a corner in one of Bergen's narrow streets and had been in the family for three generations. With its red roof and green door, the shop was a familiar sight in the neighborhood. The sign above the door, which read "Emma's Flowers," was painted in yellow letters and had a small bouquet of tulips next to the name.

Emma had grown up among flowers. She remembered the early mornings when, as a little girl, she would follow her grandmother to the flower garden to pick fresh flowers for the shop. Her grandmother had taught her everything about the language of flowers, how each flower carried a meaning, and how they could convey emotions without words. Now, many years later, Emma stood alone behind the counter, but with her grandmother's wisdom woven into her soul.

Customers came and went throughout the day, and Emma put together bouquets with a precision and care that reflected her love for the profession. She knew that a bouquet was not just a collection of flowers but a message, a feeling, a story.

One day, as she was arranging some roses, she heard the bell above the door ring. She looked up and met the eyes of an elderly man with a worn hat and a coat that had seen better days. He seemed hesitant, as if unsure whether to come in.

"Can I help you with something?" Emma asked kindly.

The man nodded slowly. "I need a bouquet. Something special."

Emma smiled and came forward to the counter. "What is the occasion?"

"It's for my wife," he replied quietly. "It's our wedding anniversary today."

Emma could see that this meant a lot to him. She thought of her grandmother who always said that love's flowers were the most beautiful. She began picking out flowers: red roses for passion, white lilies for purity, and small blue forget-me-nots for memories. She arranged them with a care and dedication that showed her respect for the man's feelings.

The man watched as she worked. "How long have you been married?" she asked.

"Fifty-two years," he replied with a melancholic smile. "It's been a long and good life."

Emma handed him the bouquet, and he paid with trembling hands. "Thank you," he said quietly. "These are perfect."

She watched him leave the shop, thinking about how flowers could be a light in the darkness, a reminder of love's strength even through time's trials.

Days passed, and Emma continued with her work. She saw many faces and heard many stories. A young man who was going to propose, a woman who wanted to apologize, a mother who was going to celebrate her child's birth. Each bouquet she made carried a piece of her heart.

One morning, several weeks later, the old man returned. He looked even more tired, but had a peaceful expression on his face. "I want to thank you," he said. "My wife loved the bouquet. She passed away a few days ago, but she had the flowers beside her until the end."

Emma felt a lump in her throat. "I'm so sorry for your loss," she said quietly. "She must have been a remarkable woman."

"She was," he replied. "And I am grateful that you could give her something so beautiful in her last days."

They talked for a while, and Emma learned more about his wife, a woman who loved to dance and always had a smile on her face. She felt a deep respect for this man and his love.

After he left, Emma sat down with a cup of tea and thought about how short life was, and how the small actions could have such a great significance. Flowers were not just beautiful, they were bearers of memories, emotions, and hope.

Emma decided to make a new bouquet, a special one, which she would take to the man's wife's grave. She picked out the most beautiful flowers she had, and put together a bouquet that radiated love and respect.

She went to the cemetery and found the grave. It was a simple stone with the woman's name, birth, and death dates. Emma laid down the bouquet and stood still for a moment. "Thank you for sharing your story with me," she whispered.

On the way back to the shop, Emma felt more connected with the people around her. Each flower, each bouquet, was part of something larger. She realized that her work was more than just selling flowers. It was about bringing light and beauty into people's lives, being part of their joys and sorrows.

Months went by, and Emma continued to spread joy through her flowers. She saw the old man from time to time, and they always greeted each other with a warm smile. His story had changed her, made her more aware of life's beauty and fragility.

One day, as she was closing the shop for the evening, she saw a young girl standing outside the window admiring the flowers. Emma opened the door and invited her in. The girl told her that she loved flowers and dreamed of becoming a florist one day.

Emma smiled and thought of her own journey. "You can achieve what you dream of," she said to the girl. "Flowers have a magic that can bring happiness to the world."

The girl smiled widely and thanked Emma. On her way home, Emma felt a deep satisfaction. Her life was intertwined with so many others, and she knew that through her flowers, she could make a difference.

And so, Emma continued to run her flower shop, with her grandmother's wisdom and love in her heart. Each day was a new opportunity to spread joy, comfort, and beauty. And each bouquet she made was a reminder of life's colors and the importance of the small things that give it meaning.

Læreren

Det var en kald novembermorgen da Karin gikk til skolen hvor hun hadde undervist de siste femten årene. Skolen lå i hjertet av Oslo, omgitt av høye bygninger og travle gater. Elevene, fra alle deler av byen, brakte med seg en mosaikk av historier, språk og kulturer. Det var dette mangfoldet som hadde tiltrukket henne til læreryrket, og som ga henne styrke hver dag.

Karin hadde vokst opp i en liten bygd på Vestlandet, men hadde flyttet til Oslo for å studere og senere for å undervise. Hun hadde alltid vært fascinert av historier, hvordan hvert menneske hadde en egen unik fortelling. Dette hadde hun tatt med seg inn i klasserommet, hvor hun forsøkte å få elevene til å se betydningen av deres egne liv og erfaringer.

Denne dagen skulle bli annerledes. Karin visste det fra øyeblikket hun trådte inn i klasserommet. Elevene var uvanlig stille, og en merkelig spenning fylte rommet. Hun la fra seg vesken og vendte seg mot klassen.

"God morgen, alle sammen," begynte hun med sin vanlige varme tone. "La oss starte med å snakke om helgen deres. Hvem vil dele noe?"

Hånden til en av de yngste elevene, en gutt ved navn Amir, skjøt opp. Karin nikket til ham.

"Jeg var på besøk hos bestemor," sa han med et bredt smil. "Hun fortalte meg historier fra da hun var liten i Afghanistan."

Karin smilte tilbake. "Det høres fantastisk ut, Amir. Historier er en viktig del av hvem vi er. Takk for at du delte."

De andre elevene fulgte Amirs eksempel og begynte å dele sine egne historier. Karin lyttet oppmerksomt, nikket og stilte spørsmål for å oppmuntre dem til å utdype. Det var i disse øyeblikkene hun følte seg mest levende, når hun så gnisten i øynene deres og hørte entusiasmen i stemmene deres.

Senere på dagen, under lunsjpausen, gikk Karin ned til lærerværelset. Hun var i ferd med å hente seg en kopp kaffe da rektor, Morten, kom inn. Han hadde en alvorlig mine.

"Karin, har du et øyeblikk?" spurte han.

Hun satte fra seg koppen og fulgte ham til et av de små møterommene. Han lukket døren bak dem.

"Vi har fått noen bekymringsmeldinger fra foreldrene til noen av elevene," begynte han. "De er bekymret for at det er for mye snakk om følelser og historier i timene dine, og ikke nok fokus på pensum."

Karin kjente en bølge av frustrasjon skylle over seg. "Jeg forstår deres bekymringer," svarte hun rolig. "Men jeg mener at å forstå hverandres historier og utvikle empati er like viktig som å lære fagstoff."

Morten nikket, men så ut til å være i en vanskelig situasjon. "Jeg er enig med deg, Karin. Men vi må også sørge for at vi følger læreplanen."

Karin forlot møtet med en tung følelse i magen. Hun visste at det hun gjorde var viktig, men hun visste også at hun måtte finne en balanse. Hun gikk tilbake til klasserommet og fortsatte dagen, men tankene hennes var et annet sted.

Uken gikk, og Karin forsøkte å integrere mer av pensum i timene sine uten å miste det personlige preget som hun visste var så viktig. Det var en vanskelig balanse, men hun var fast bestemt på å finne en måte å gjøre det på.

En ettermiddag, etter at alle elevene hadde gått hjem, satt Karin ved skrivebordet og rettet oppgaver. Hun var trøtt og utmattet, men hun visste at hun ikke kunne gi opp. Hun så på vinduet og de tusen lysene som lyste opp Oslo-natten. Hun tenkte på alle de livene hun hadde rørt ved, og hvordan hver elev hadde lært henne noe nytt.

Plutselig banket det på døren. Hun så opp og så Amir stå der med et nølende smil.

"Kan jeg komme inn?" spurte han.

"Selvfølgelig, Amir," svarte hun og la fra seg pennen.

Amir gikk inn og satte seg på en av pultene foran henne. "Jeg ville bare si takk," sa han stille. "Takk for at du hører på historiene våre. Det betyr mye for meg."

Karin kjente tårene presse på, men hun smilte varmt. "Det er jeg som skal takke, Amir. Dere gir meg mer enn dere aner."

De satt der i stillhet en stund, og Karin følte en ny styrke vokse i henne. Hun visste at hun gjorde en forskjell, selv om det ikke alltid var lett. Hun bestemte seg for å fortsette å kjempe for det hun trodde på, for sine elever og deres historier.

I ukene som fulgte, fortsatte Karin å undervise med fornyet energi. Hun fant nye måter å integrere både fagstoff og personlige historier, og hun merket en positiv forandring i klassen. Elevene var mer engasjerte, mer åpne og ivrige etter å lære.

En dag kom Morten inn i klasserommet midt i en av Karins timer. Han satt stille bakerst og observerte. Karin fortsatte som vanlig, og la merke til at han smilte flere ganger mens elevene delte sine erfaringer og tanker.

Etter timen kom Morten bort til henne. "Jeg ser at du har funnet en god balanse, Karin," sa han. "Elevene dine er heldige som har deg."

Karin følte en bølge av lettelse og takknemlighet. "Takk, Morten. Det betyr mye å høre det."

Hun fortsatte å undervise med samme lidenskap, og hun så hvordan elevene hennes blomstret. De utviklet ikke bare akademiske ferdigheter, men også empati og forståelse for hverandre.

Årene gikk, og Karin ble kjent som en lærer som gjorde en forskjell. Hun så mange elever komme og gå, hver med sin unike historie, og hun visste at hun hadde hatt en positiv innvirkning på deres liv.

En sommerdag, mange år senere, da Karin nærmet seg pensjonsalderen, fikk hun et brev i posten. Det var fra Amir, som nå var voksen og hadde blitt lærer selv.

"Kjære Karin," sto det. "Jeg ville bare takke deg igjen for alt du lærte meg. Ikke bare om skolefag, men om livet. Jeg prøver å være den læreren for mine elever som du var for oss. Med varme hilsener, Amir."

Karin smilte og følte en dyp tilfredshet. Hun visste at hennes arbeid hadde etterlatt seg varige spor. Hun hadde fulgt sitt kall og funnet håp i de små øyeblikkene, og hun visste at hun alltid ville bære disse minnene med seg.

Og slik fortsatte Karin, selv etter at hun gikk av med pensjon, å inspirere og veilede. Hennes liv var en påminnelse om betydningen av å lytte, forstå og verdsette hver enkelt historie. Hennes klasserom var mer enn et sted for læring; det var et fristed for vekst, håp og menneskelig forbindelse.

The Teacher

It was a cold November morning when Karin walked to the school where she had taught for the past fifteen years. The school was located in the heart of Oslo, surrounded by tall buildings and busy streets. The students, from all parts of the city, brought with them a mosaic of stories, languages, and cultures. It was this diversity that had attracted her to the teaching profession and gave her strength every day.

Karin had grown up in a small village on the west coast of Norway but had moved to Oslo to study and later to teach. She had always been fascinated by stories, how each person had their own unique tale. This she had brought into the classroom, where she tried to make the students see the importance of their own lives and experiences.

This day would be different. Karin knew it from the moment she stepped into the classroom. The students were unusually quiet, and a strange tension filled the room. She put down her bag and turned to the class.

"Good morning, everyone," she began in her usual warm tone. "Let's start by talking about your weekend. Who wants to share something?"

The hand of one of the youngest students, a boy named Amir, shot up. Karin nodded to him.

"I visited my grandmother," he said with a big smile. "She told me stories from when she was little in Afghanistan."

Karin smiled back. "That sounds wonderful, Amir. Stories are an important part of who we are. Thank you for sharing."

The other students followed Amir's example and began sharing their own stories. Karin listened attentively, nodded, and asked questions to encourage them to elaborate. It was in these moments she felt most alive when she saw the spark in their eyes and heard the enthusiasm in their voices.

Later that day, during lunch break, Karin went down to the teachers' lounge. She was about to get a cup of coffee when the principal, Morten, came in. He had a serious expression.

"Karin, do you have a moment?" he asked.

She put down her cup and followed him to one of the small meeting rooms. He closed the door behind them.

"We have received some concerns from the parents of some of the students," he began. "They are worried that there is too much talk about feelings and stories in your classes, and not enough focus on the curriculum."

Karin felt a wave of frustration wash over her. "I understand their concerns," she replied calmly. "But I believe that understanding each other's stories and developing empathy is just as important as learning the subjects."

Morten nodded but seemed to be in a difficult situation. "I agree with you, Karin. But we also need to ensure that we follow the curriculum."

Karin left the meeting with a heavy feeling in her stomach. She knew what she was doing was important, but she also knew she had to find a balance. She returned to the classroom and continued the day, but her thoughts were elsewhere.

The week went by, and Karin tried to integrate more of the curriculum into her lessons without losing the personal touch she knew was so important. It was a difficult balance, but she was determined to find a way.

One afternoon, after all the students had gone home, Karin sat at her desk grading papers. She was tired and exhausted, but she knew she couldn't give up. She looked out the window at the thousands of lights that lit up the Oslo night. She thought about all the lives she had touched, and how each student had taught her something new.

Suddenly, there was a knock on the door. She looked up and saw Amir standing there with a hesitant smile.

"Can I come in?" he asked.

"Of course, Amir," she replied, putting down her pen.

Amir walked in and sat on one of the desks in front of her. "I just wanted to say thank you," he said quietly. "Thank you for listening to our stories. It means a lot to me."

Karin felt tears welling up, but she smiled warmly. "It's I who should thank you, Amir. You give me more than you know."

They sat in silence for a while, and Karin felt a new strength grow within her. She knew she was making a difference, even though it wasn't always easy. She decided to keep fighting for what she believed in, for her students and their stories.

In the weeks that followed, Karin continued to teach with renewed energy. She found new ways to integrate both the curriculum and personal stories, and she noticed a positive change in the class. The students were more engaged, more open, and eager to learn.

One day, Morten came into the classroom in the middle of one of Karin's lessons. He sat quietly at the back and observed. Karin continued as usual and noticed that he smiled several times as the students shared their experiences and thoughts.

After the lesson, Morten came up to her. "I see you've found a good balance, Karin," he said. "Your students are lucky to have you."

Karin felt a wave of relief and gratitude. "Thank you, Morten. It means a lot to hear that."

She continued to teach with the same passion, and she saw her students flourish. They developed not only academic skills but also empathy and understanding for each other.

Years passed, and Karin became known as a teacher who made a difference. She saw many students come and go, each with their unique story, and she knew she had had a positive impact on their lives.

One summer day, many years later, as Karin approached retirement, she received a letter in the mail. It was from Amir, who was now an adult and had become a teacher himself.

"Dear Karin," it said. "I just wanted to thank you again for everything you taught me. Not just about school subjects, but about life. I try to be the teacher for my students that you were for us. With warm regards, Amir."

Karin smiled and felt a deep satisfaction. She knew her work had left lasting marks. She had followed her calling and found hope in the small moments, and she knew she would always carry these memories with her.

And so, Karin continued, even after she retired, to inspire and guide. Her life was a reminder of the importance of listening, understanding, and valuing each story. Her classroom was more than a place for learning; it was a haven for growth, hope, and human connection.

Nora og Hunden

Det var tidlig morgen i en liten landsby på Vestlandet. En svak tåke lå over de grønne engene, og lyden av bølgene som slo mot stranden kunne høres i det fjerne. Nora gikk langs den smale stien som førte fra huset hennes til skogen. Det var den samme stien hun hadde gått hver morgen i mange år. Men denne morgenen var annerledes.

Nora var en ensom kvinne, i midten av trettiårene, som hadde mistet mannen sin for to år siden. Han hadde vært hennes livs kjærlighet, og etter hans død hadde hun følt seg tom og fortapt. Dagene hennes var fylt med rutinearbeid, og nettene var lange og ensomme.

Denne morgenen gikk hun med tunge skritt, men noe fikk henne til å stoppe. En svak lyd, som et klynk, kom fra skogen. Nora lyttet nøye, og lyden gjentok seg. Hun fulgte lyden gjennom de tette trærne og kom til en liten lysning. Der, midt i lysningen, lå en liten hundevalp. Den var skitten, våt og så ut til å være forlatt.

Nora knelte ned ved siden av valpen og strakte ut hånden. Valpen løftet hodet og så på henne med store, brune øyne fulle av frykt og smerte. "Stakkars liten," hvisket hun og løftet valpen forsiktig opp. Den ristet av kulde, og Nora kunne kjenne hjertet slå raskt under den tynne pelsen.

Hun bar valpen tilbake til huset sitt og tørket den forsiktig med et håndkle. Valpen var utsultet, og Nora ga den litt mat og vann. Hun laget en liten seng til den ved siden av peisen, og valpen sovnet raskt, utmattet av sine opplevelser.

Dagen gikk, og Nora følte en underlig ro hun ikke hadde kjent på lenge. Hun hadde noen å ta vare på igjen, noen som trengte henne. Hun kalte valpen Balder, etter den gamle norrøne guden for lys og skjønnhet. Balder ga henne en ny mening med livet, og hun fant glede i de små tingene igjen.

Ukene gikk, og Balder vokste seg sterk og sunn. Han fulgte Nora overalt, og sammen utforsket de skogen, stranden og åsene rundt landsbyen. Folk i landsbyen begynte å legge merke til forandringen i Nora. Hun smilte oftere, og det var en gnist i øynene hennes som hadde vært borte så lenge.

En dag, da Nora og Balder var på en av sine daglige turer, møtte de en mann på stien. Han var høy, med mørkt hår og et vennlig smil. Han hilste på Nora og spurte om han kunne klappe Balder. Nora nikket, og mannen bøyde seg ned for å klappe den logrende hunden.

"Jeg heter Erik," sa han. "Jeg har nylig flyttet hit. Ser ut som du har en fin følgesvenn der."

"Ja, dette er Balder," svarte Nora. "Han kom til meg da jeg trengte ham mest."

De snakket en stund, og Nora fant ut at Erik også hadde mistet noen han elsket. De delte historier om tap og sorg, men også om håp og nye begynnelser. Erik hadde en hund, en eldre tispe ved navn Freya, og de bestemte seg for å gå tur sammen en dag.

Dagene ble til uker, og Nora og Erik tilbrakte mer og mer tid sammen. De gikk lange turer med Balder og Freya, og de oppdaget stadig nye steder rundt landsbyen. Erik var en god lytter, og Nora følte at hun kunne snakke med ham om alt. Han forsto smerten hennes, men han minnet henne også på gleden ved å leve.

En kveld satt de sammen på stranden, mens solnedgangen malte himmelen i varme farger. Balder og Freya lekte i sanden, og lyden av deres glade bjeff fylte luften. Erik vendte seg mot Nora og tok hånden hennes.

"Jeg vet det har vært vanskelig for deg," sa han stille. "Men jeg ser hvordan Balder har brakt lys inn i livet ditt igjen. Du fortjener å være lykkelig, Nora."

Nora så på Erik og kjente en varme spre seg i hjertet. "Takk, Erik. Du har også brakt lys inn i livet mitt. Jeg trodde aldri jeg skulle finne glede igjen, men her er jeg."

De satt der sammen, og Nora følte seg mer levende enn hun hadde gjort på lenge. Hun hadde funnet vennskap, håp og kanskje til og med kjærlighet igjen.

Nora and the Dog

It was early morning in a small village on the west coast of Norway. A faint mist lay over the green meadows, and the sound of waves crashing against the shore could be heard in the distance. Nora walked along the narrow path that led from her house to the forest. It was the same path she had walked every morning for many years. But this morning was different.

Nora was a lonely woman in her mid-thirties who had lost her husband two years ago. He had been the love of her life, and after his death, she felt empty and lost. Her days were filled with routine tasks, and the nights were long and lonely.

This morning she walked with heavy steps, but something made her stop. A faint sound, like a whimper, came from the forest. Nora listened carefully, and the sound repeated. She followed the sound through the dense trees and came to a small clearing. There, in the middle of the clearing, lay a small puppy. It was dirty, wet, and appeared to be abandoned.

Nora knelt beside the puppy and reached out her hand. The puppy lifted its head and looked at her with large, brown eyes full of fear and pain. "Poor thing," she whispered and gently picked up the puppy. It was shivering with cold, and Nora could feel its heart beating rapidly under the thin fur.

She carried the puppy back to her house and carefully dried it with a towel. The puppy was starving, and Nora gave it some food and water. She made a small bed for it next to the fireplace, and the puppy quickly fell asleep, exhausted from its ordeal.

The day passed, and Nora felt a strange calm she hadn't felt in a long time. She had someone to care for again, someone who needed her. She named the puppy Balder, after the old Norse god of light and beauty. Balder gave her a new purpose in life, and she found joy in the small things again.

Weeks passed, and Balder grew strong and healthy. He followed Nora everywhere, and together they explored the forest, the beach, and the hills around the village. People in the village began to notice the change in Nora. She smiled more often, and there was a sparkle in her eyes that had been missing for so long.

One day, when Nora and Balder were on one of their daily walks, they met a man on the path. He was tall, with dark hair and a friendly smile. He greeted Nora and asked if he could pet Balder. Nora nodded, and the man bent down to pet the wagging dog.

"My name is Erik," he said. "I recently moved here. It looks like you have a fine companion there."

"Yes, this is Balder," Nora replied. "He came to me when I needed him most."

They talked for a while, and Nora found out that Erik had also lost someone he loved. They shared stories of loss and grief, but also of hope and new beginnings. Erik had a dog, an older female named Freya, and they decided to take a walk together one day.

Days turned into weeks, and Nora and Erik spent more and more time together. They took long walks with Balder and Freya, and they discovered new places around the village. Erik was a good listener, and Nora felt she could talk to him about anything. He understood her pain, but he also reminded her of the joy of living.

One evening they sat together on the beach, while the sunset painted the sky in warm colors. Balder and Freya played in the sand, and the sound of their happy barks filled the air. Erik turned to Nora and took her hand.

"I know it's been hard for you," he said quietly. "But I see how Balder has brought light back into your life. You deserve to be happy, Nora."

Nora looked at Erik and felt a warmth spread in her heart. "Thank you, Erik. You have also brought light into my life. I never thought I would find joy again, but here I am."

They sat there together, and Nora felt more alive than she had in a long time. She had found friendship, hope, and maybe even love again.